1911 Mars 11
(N° 2541)

Vente du Samedi 11 Mars 19

HOTEL DROUOT SALLE N° 8

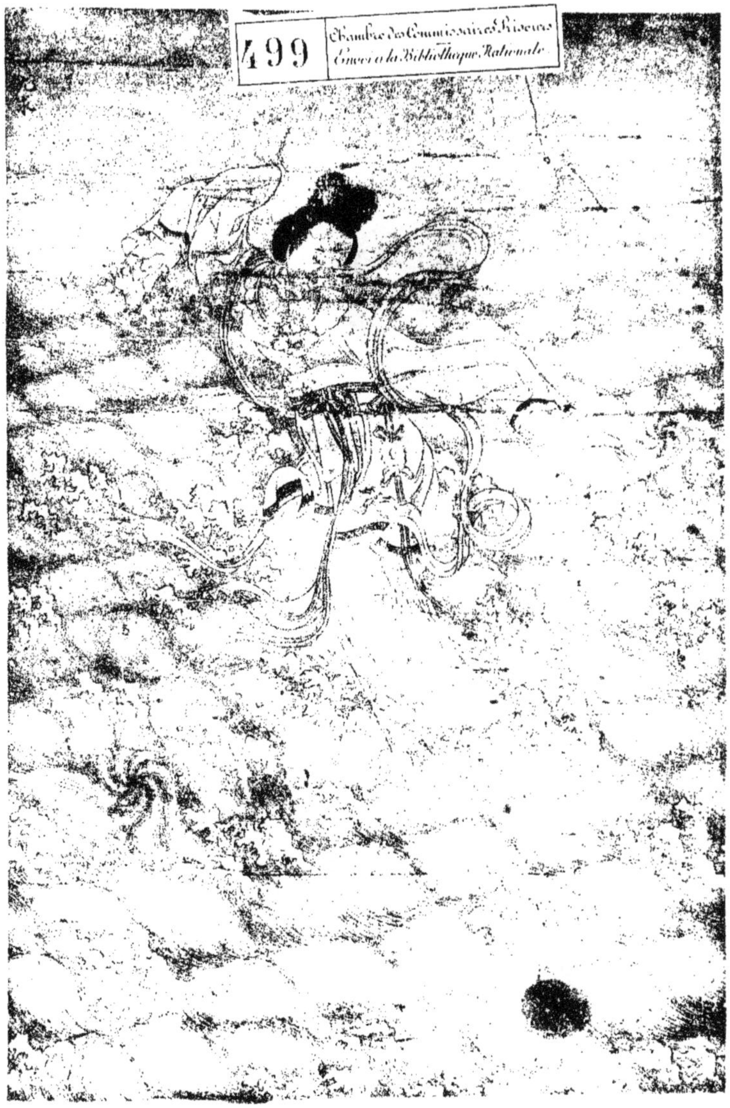

PEINTURES CHINOISES
ESTAMPES JAPONAISES

Me ANDRÉ DESVOUGES M. LOYS DELTEIL

EXPOSITION PUBLIQUE, Hôtel Drouot, Salle N° 8, le Vendredi 10 Mars 1911

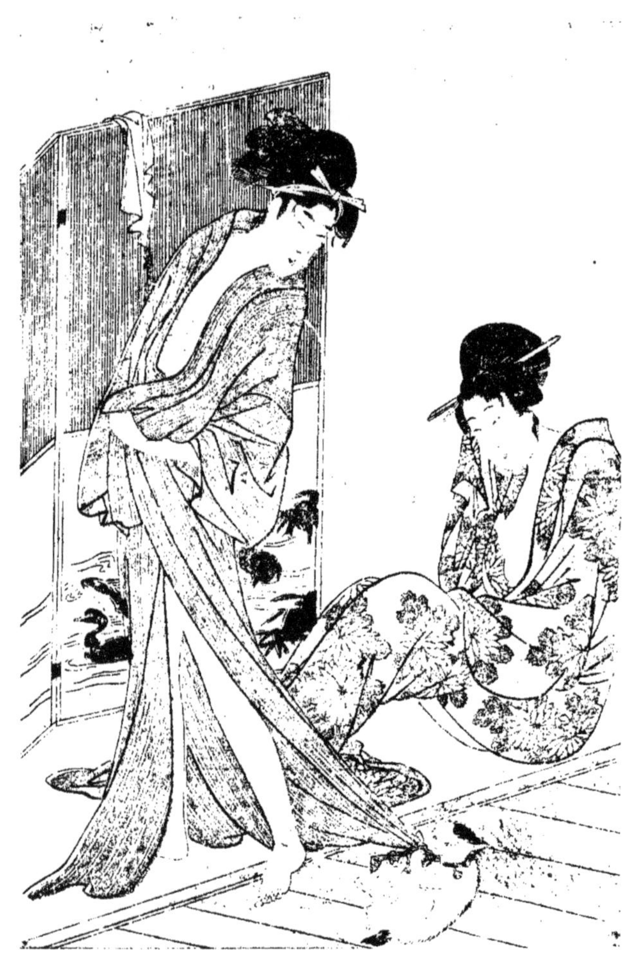

CATALOGUE

DES

PEINTURES
CHINOISES

ET DES

ESTAMPES JAPONAISES

Dont la vente aura lieu

à Paris, HOTEL DROUOT, Salle N° 8

Le Samedi 11 Mars 1911

à 2 heures précises

Par le Ministère de Mᵉ ANDRÉ DESVOUGES

COMMISSAIRE-PRISEUR

26, *Rue de la Grange-Batelière*

Assisté de M. LOYS DELTEIL, Artiste-Graveur, Expert

2, *Rue des Beaux-Arts*

CONDITIONS DE LA VENTE

Elle sera faite au comptant.

Les adjudicataires paieront *dix pour cent* en sus des enchères.

M. Loys Delteil remplira les commissions que voudront bien lui confier les amateurs ne pouvant y assister.

EXPOSITION PUBLIQUE : Hotel Drouot, Salle N° 8,

Le Vendredi 10 Mars 1911, de 2 à 6 heures.

DÉSIGNATION

PEINTURES CHINOISES

YUAN (mongole, XIVe siècle)

1. Maison de campagne, signée (avec 4 cachets de collections).

LO-CHAN (XVe siècle)

2. Sujet religieux (retouché partiellement).

MING (Epoque) (XVe siècle)

3. Scène d'Intérieur (avec inscription et 3 cachets de collections).
4. Paysage avec des Personnages, CHOUSU.
5. Composition allégorique.
6. Composition allégorique (Guerrier sur une tortue).
7. Composition religieuse (Hermite et pélerins).
8. Composition allégorique.
9. Femme debout.

ANONYME (fin du XVe siècle)

10. Paysage accidenté, avec personnages (avec inscription et 4 cachets de collections).

10 *bis*. Femme à l'éventail.

MING (Milieu de l'époque) (XVIe siècle)

11. Déesse de la Mer. Encre de Chine.

12. Deux Oiseaux sur une branche (avec inscription et 1 cachet de collection).

13. Aigle sur une branche (avec inscription et 3 cachets de collections).

CHAI-MING-FOU

14. Personnage et cheval sous un arbre (époque Ming).

ANONYMES (xvie siècle)

15. Fleurs et oiseau.

16. Groupe au bord de l'eau.

17. Passage du Pont.

18. Oiseaux et Fleurs, fragment de peinture.

LIU-CHIH-CH'ING (fin du xvie siècle)

19. Vieux Personnage (fin de l'école Ming). Peinture avec inscription et trois cachets de collections chinoises.

ANONYME (fin du xvie siècle)

20. La Mère et l'Enfant.

TANG-YING (fin du xvie siècle)

21. Conversation sous un arbre.

ANONYMES (xviie siècle)

22. Deux Dames.

23. Vieillard à la biche (avec inscription et 2 cachets de collections).

24. Colloque entre deux personnages (avec inscription et 7 cachets de collections).

25. Vautour sur un perchoir (avec inscription).

26. Oiseau de paradis sur une branche (fragment), cachet de collection.

27. Oiseaux sur les rochers.

ANONYMES (fin du xviie siècle)

28. Scène humoristique dans la Rue.

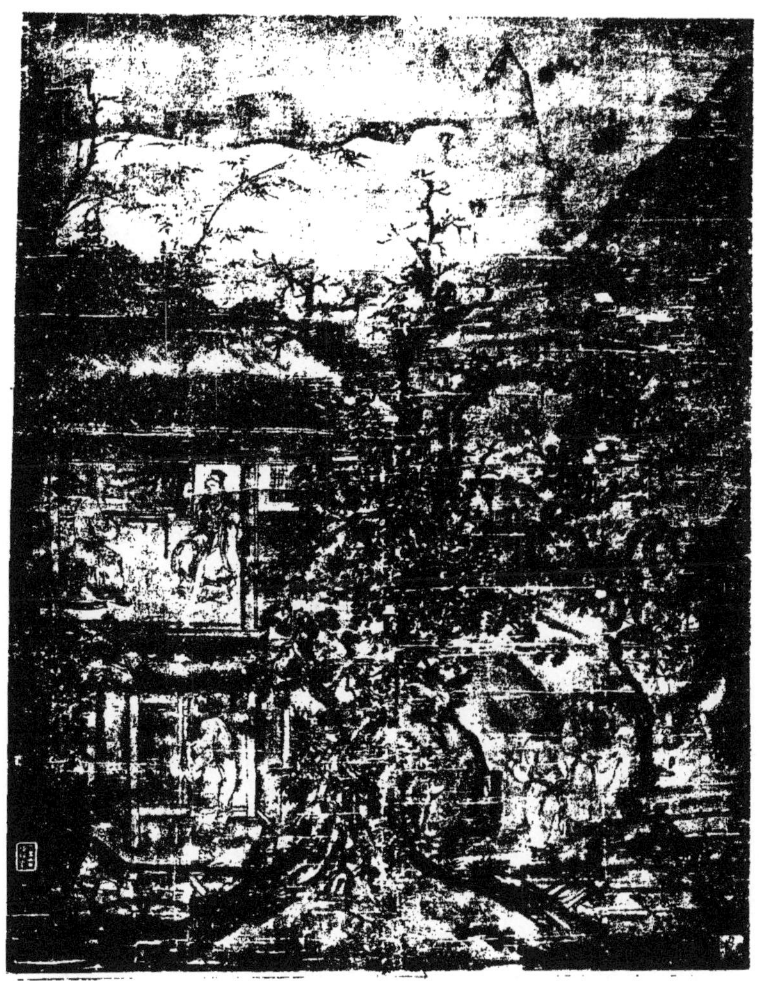

N° 1 du Catalogue.

29. Oiseau et fleurs (avec inscription et 2 cachets de collection).

THAI-VEN-SING

30. Les Voyageurs (vers 1700).

EVENTAILS (XVIIIe siècle)

31. La Barque (avec inscription et cachet de collection).

32. Les Arbustes (avec inscription et cachet de collection).

33. Le Rêveur (avec inscription et cachet de collection), fond micassé.

34. La Rencontre (avec 2 cachets de collections).

ANONYME (début du XVIIIe siècle)

35. Couseuse et Fumeur (avec 4 cachets de collections).

HUA-LING-TSANG (XVIIIe siècle)

36. Une Bagarre. Aquarelle (avec inscription et 2 cachets de collections).

ANONYMES (XVIIIe siècle)

37. Vieillard et deux jeunes Filles.

38. Prêtre et gnome.

39. Offrande.

40. Offrande.

41. Scène d'intérieur.

42. Offrande.

43. Le Miroir.

44. Le Pêcheur.

45. Scène bouddhique.

46. Le Sabre, scène à trois personnage .

47. Pèlerin et guerrier.

48. Portrait.

49. Portrait de Femme (avec inscription et 3 cachets de collections).

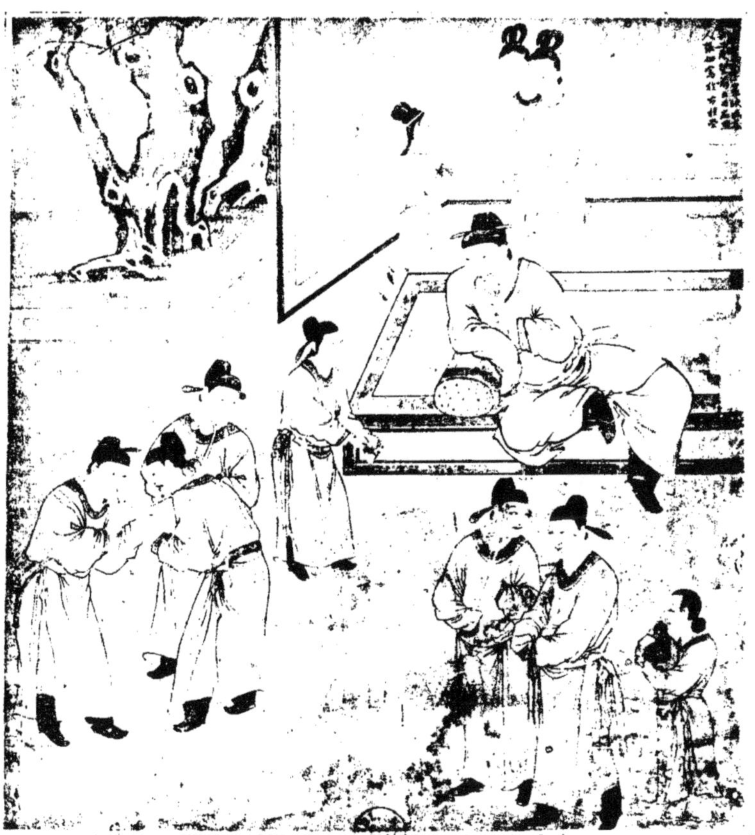

N° [illegible] du Catalogue.

50. Deux Femmes et un enfant dans un intérieur — Femme et ses deux suivantes sur une terrasse. Deux peintures.

CHEN-CHEN-LING

51. Chèvres et bouc, 1750.

CHOU-SHEN

52. Fleurs et Oiseaux (avec inscription et 2 cachets de collections).

ANONYME (fin du XVIIIe siècle)

53. L'Été. Chousu.

ANONYME (début du XIXe siècle)

54. Deux chats jouant. Avec signature et 3 cachets de collection.

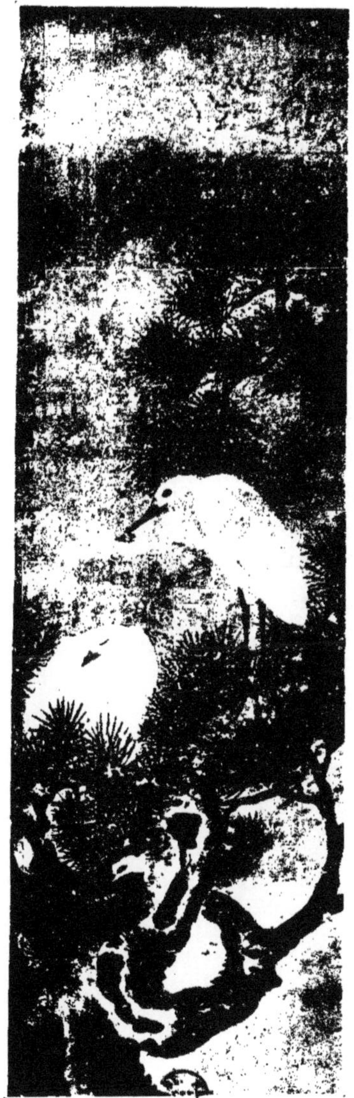

N° 12 du Catalogue

ESTAMPES JAPONAISES

KIYOMITSU

55. Acteur ou poète ancien (Abé-no-seï-meï) (Sous-verre).

56. Acteur.

OKOUMARA-MASSANOBOU

57. Un Guerrier, format nagayé.

58. Jeune Femme tenant un plateau, estampe, monochrome.

NICHIMOURA SHIGHENAGA

59. Scène d'Enfants.

SHIGHÉNOBOU

60. Danseuse. Encadré.

HAROUNOBU

61. La Colation. Collection Hayashi.

62. La Promenade à cheval.

63. Femme et gnome (réimpression).

64. Le Thé.

65. Scène Familiale.

66. Le Cadeau.

67. La Dévideuse.

68. Jeune Femme descendant un escalier.

69. Le Cheval de bois.

70. Scène à trois personnages.

71. Jeune Femme en négligé.

72. Scène d'Intérieur.

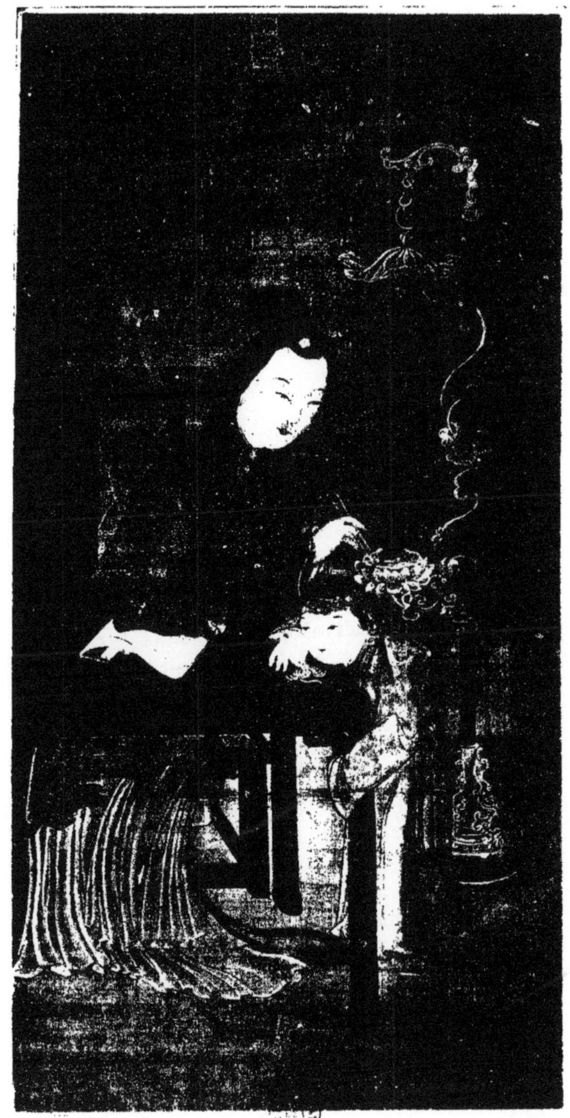

N° 20 du Catalogue.

73. Les Puiseuses au puits. Collection Hayashi.

74. Laveuse et enfant. Collection Hayashi.

75. Le Jeu de ballon.

76. Deux Femmes conversant.

77. Couple et enfant en promenade.

78. Scène de la rue.

HARUNOBOU ANONYME

79. Sujets érotiques. Trois pièces.

KORIOUSAI

80. Courtisane avec ses suivantes. Collection Gillot. Encadrée.

81. Oiran en promenade. Sous-verre.

SHUNSKO

82. La Terrasse.

83. Acteur.

84. Gheisa.

85. Les Enfants à l'arbuste.

86. Deux acteurs (Promenade près de Fuji). Sous-verre.

87. Scène des Chroniques du Japon.

SHUNYEÏ

88. Danseuse de la série : Oshiyagata « impression en brocade de soie ». Encadrée.

89. Lutteurs.

90. Les Gardiens. Fête du Temple à Edo, Encadrée.

SHUNKO

91. Deux lutteurs.

92. Acteur.

93. Acteur démolissant une tente.

94. Femme en promenade.

95. Gheisa.

96. Acteur. Collection Barbouteau.

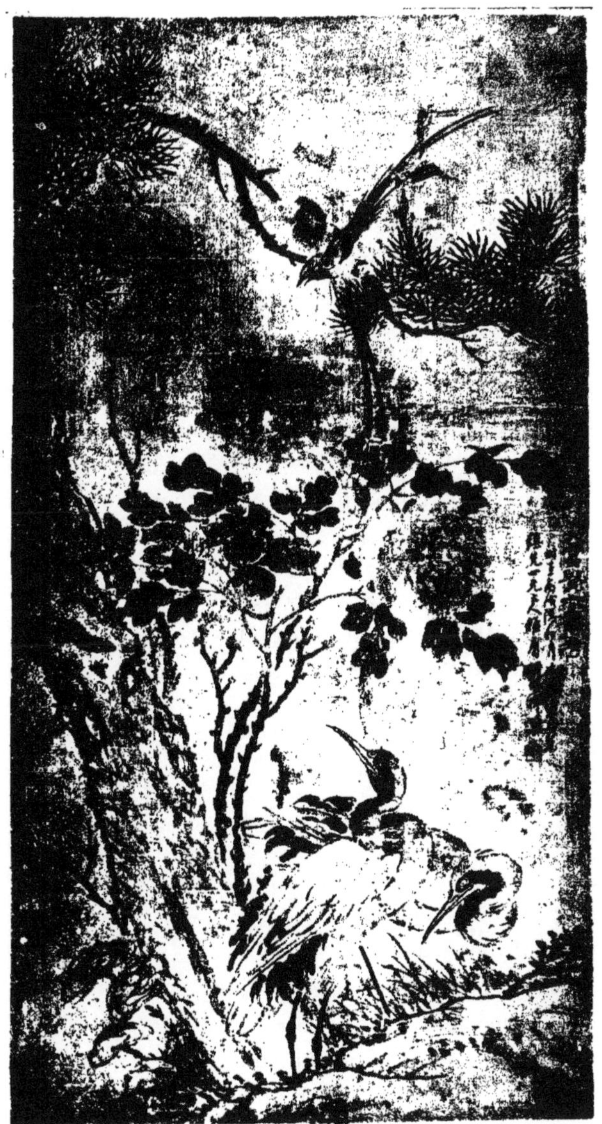

N° 20 du Catalogue.

97. Acteur.

98. Acteur. Collection Barbouteau.

99. Acteur. Collection Barbouteau.

KIYONAGA

100. Dans le Jardin.

101. L'Heure du Thé.

102. Jeune Femme cueillant des fleurs. Collection Hayashi.

103. Au bord de l'eau. Collection Hayashi.

104. Sur la Terrasse.

105. Scène à trois personnages (femmes).

106. Scène de Yoshiwara.

107. Femme et deux fillettes à la promenade avec leur suivante.

108. Cinq Femmes et fillette à la promenade.

109. Les Porteuses d'eau, long format.

110. Le Marchand entreprenant.

111. Deux Femmes, l'une tenant un chat. Collection Hayashi.

112. Scène à quatre personnages.

113. Scène au bord de l'eau.

114. La Promenade.

115. Bouderie.

116. Jeune Femme au chien.

117. La Promenade.

118. Promenades dans le vallon.

119. Scène à quatre personnages.

120. Musiciens.

121. Scène à quatre personnages.

122. Scène de la rue. Dyptique.

TOYOKOUNI I

123. Scène de Yoshiwara. Encadrée.

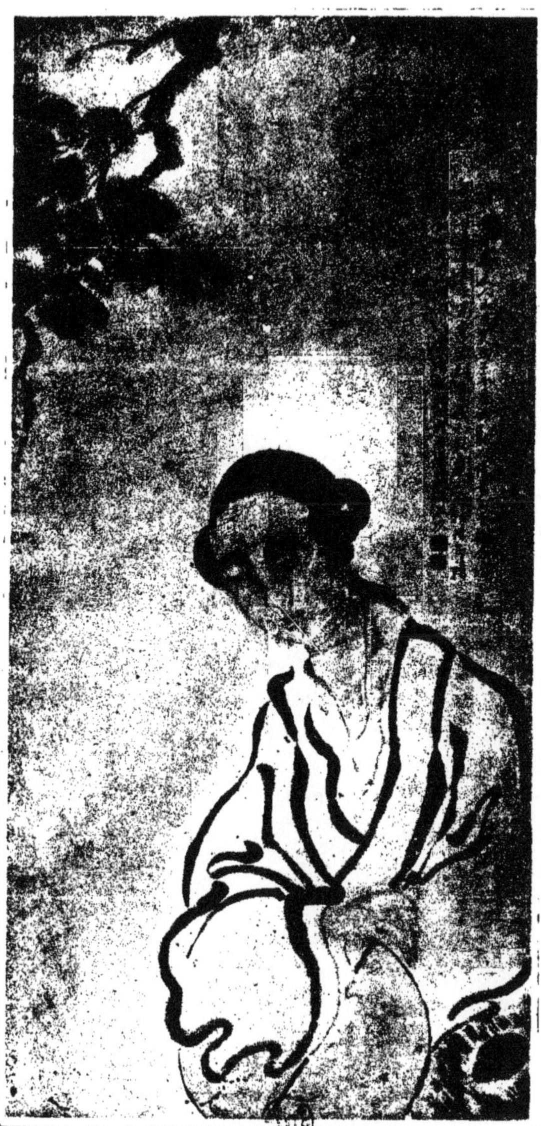

124. Feu d'artifice (l'illumination).
125. Deux Acteurs. Sous-verre.
126. Deux Acteurs. Sous-verre.
127. Acteur.
128. Acteur.
129. Acteurs. Deux Pièces.
130. Lutteurs. Encadré.
130 *bis*. Grosse tête d'acteur. Collection Barbouteau.

KOUNIMASSA

131. Grande Tête d'acteur. Rare. Encadrée.

OUTAMARO

132. Les Lanternes.
133. Les Porteuses d'eau.
134. Les deux Femmes se coiffant (manque de conservation).
135. Femme et deux fillettes à la promenade.
136. Deux Femmes conversant.
137. Courtisane et jeune homme à une fête au Yoshiwara. Sous-verre.
138. La Femme au chat
139. Scène maternelle. Encadrée.
140. Fête au Yoshiwara.
141. Les Tisserands.
142. Femme et enfant.
143. Femme tenant un miroir et se retournant. Collection Hayashi.
144. Femme assise, écrivant.
145. Scène à quatre personnages.
146. La Voilette.
147. Deux Gheisas.
148. Le Repos sous la tente. Collection Hayashi.
149. L'Enfant au poisson.

150. Femme décachetant une lettre.

151. Les Amoureux.

152. Femme guidant la main d'une autre femme écrivant.

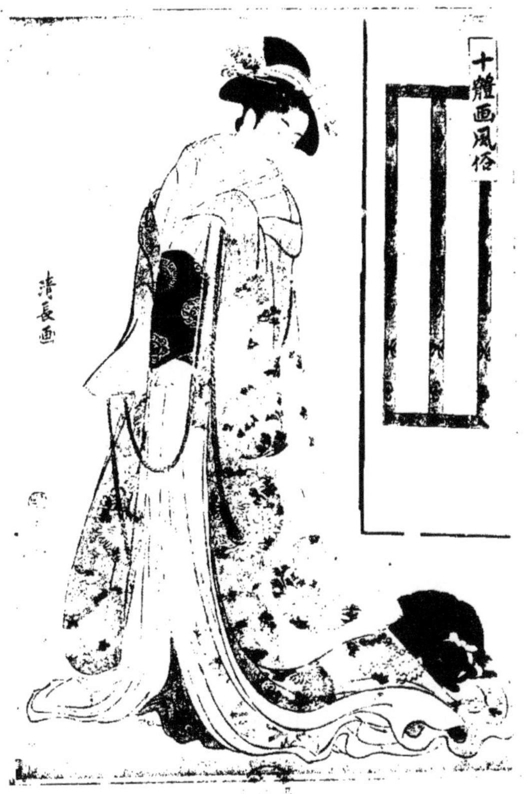

N° 116 du Catalogue.

153. Femme et fillette en promenade, tournées à gauche.

154. Femme et fillette, tournées à droite.

155. Femme et sa suivante.

156. Femme et fillette à mi-corps.

157. Chasse aux papillons.

158. Chasse aux papillons.

159. Nature morte. Estampe monochrome. Collection Barbouteau.

160. Scène à deux personnages. Sourimono. Deux pièces.

YESHI

161. Jeune Femme coupant une branche fleurie.

162. Liseuse.

163. Scène à quatre personnages.

YEIZAN

164. Les Laveuses.

HOK'SAÏ

165. Les Chasseurs. Dessin. Collection Hayashi. Encadré.

166. Le Pont tournant.

167. Le Tonnelier.

168. Vue.

169. Paysage.

170. Sujet.

SHUNSEN

171. La Traversée du gué par une Princesse.

172. Acteur costumé en femme.

HOKOUJU

173. La Promenade.

KEI-SAÏ-YEISIN

174. La Pêche aux cormorans (scène de nuit).

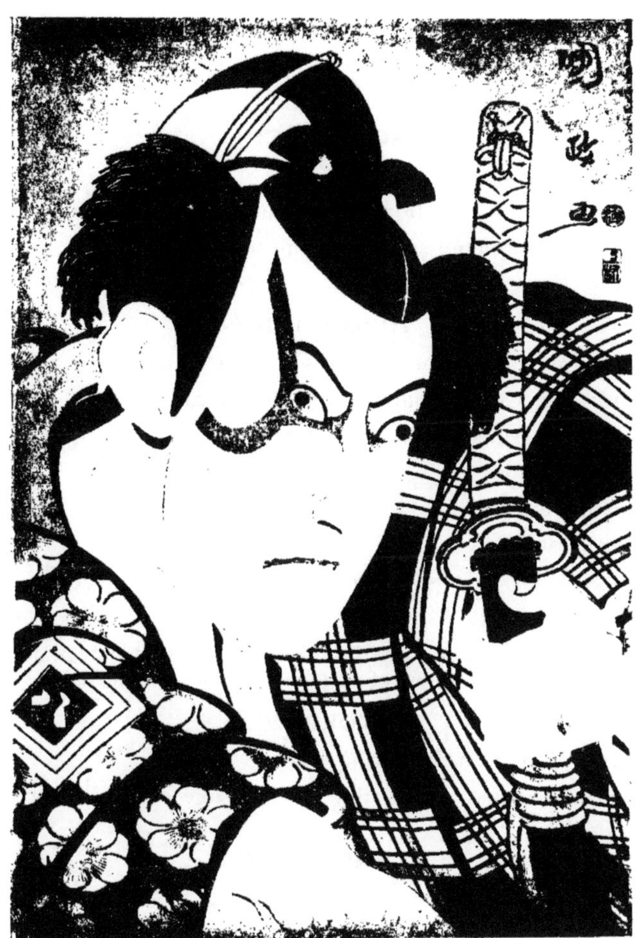

N° 131 du Catalogue.

KIOMINÉ

175. Acteur.

176. Acteur.

177. Acteur.

KOUNYOSCHI

178. Lutteurs. Deux pièces.

179. Sujet. Collection Barbouteau.

180. Personnage soulevant une solive.

181. Caricature. Rare.

HIROSCHIGHÉ

182. Montagne Zotazan. Très rare. Encadrée.

183. Les Cerfs-Volants (Tokaido). Encadrée.

184. Poissons. Collection Barbouteau.

185. Héron.

186. Personnage.

187. Le Soir.

188. Vues. — Oiseau sur une branche. Trois pièces.

189. La Neige.

189 *bis*. Vues du Grand To Kaïdo. Dix-sept pièces du 1er tirage. Seront vendus sous cinq numéros.

TOYOKOUNI II

190. Acteur en Samouraï.

191. Le Rève : les cribles. Passage du gué. Deux pièces.

ANONYMES

192. Deux Estampes.

193. Deux Estampes.

194. Deux Estampes.

195. Deux Estampes.

KAKIEMONOS

195 *bis*. Sous ce numéro, il sera vendu plusieurs Kakiemonos.

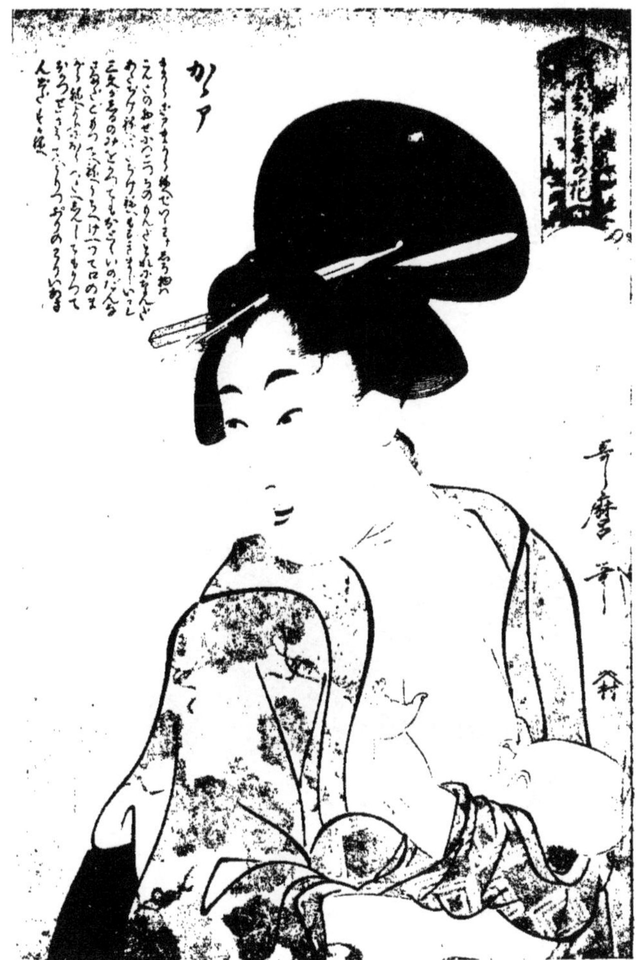

N° 139 du Catalogue.

SOURIMONOS

196. Le Lapin f t. Collection Hayashi.

197. Nature mc . Grand sourimono.

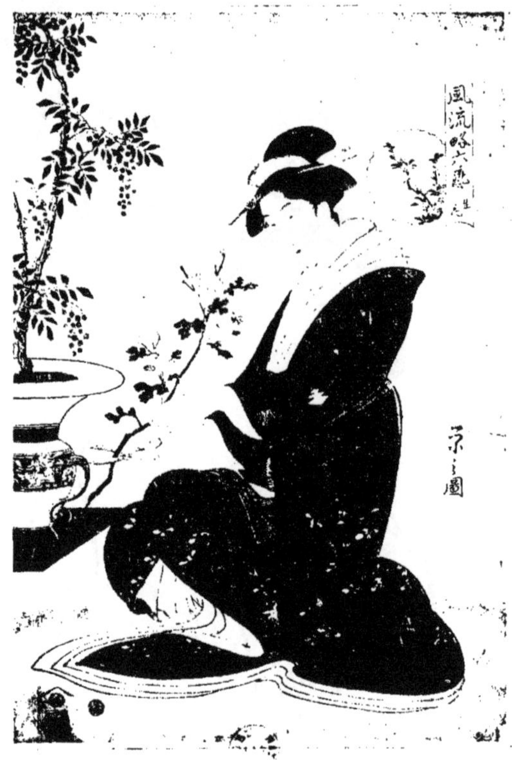

N° 101 du Catalogue.

198. Natures mortes et figures Neuf pièces. Collection Barbouteau.

199. Etoffe japonaise. Collection Barbouteau.

PONCIFS

200. Six pièces.

DESSINS

HOK' SAÏ

201. Personnage regardant le Foudji.
202. Scènes diverses. Deux dessins. Collection Hayashi.
203. Animaux. Deux dessins. Collection Hayashi.
204. Croquis divers. Quatre dessins. Collection Hayashi.

DESSINS ANONYMES

205. Le Flagrant délit, scène de meurtre.
206. Guerrier et ghésha.
207. Le Vent. Aquarelle.

208-211. Personnages. Chat et Souris. Quatre dessins rehaussés.

FRAZIER-SOYE

Graveur-Imprimeur

153-155-157, Rue Montmartre

PARIS

www.ingramcontent.com/pod-product-compliance
Ingram Content Group UK Ltd.
Pitfield, Milton Keynes, MK11 3LW, UK
UKHW020532180726
13839UKWH00005B/2473

www.ingramcontent.com/pod-product-compliance
Ingram Content Group UK Ltd.
Pitfield, Milton Keynes, MK11 3LW, UK
UKHW020450180726
13839UKWH00004B/1746